LA

CROIX-ROUGE

DE FRANCE

DISCOURS DE RÉCEPTION

A L'ACADÉMIE DES SCIENCES, BELLES-LETTRES ET ARTS

DE LYON

Prononcé dans la séance publique du 23 février 1892

PAR

M. Léon MALO

LYON

ASSOCIATION TYPOGRAPHIQUE

F. PLAN, rue de la Barre, 12.

1892

LA
CROIX-ROUGE
DE FRANCE

DISCOURS DE RÉCEPTION

A L'ACADEMIE DES SCIENCES, BELLES-LETTRES ET ARTS

DE LYON

Prononcé dans la séance publique du 23 février 1892

PAR

M. Léon MALO

LYON

ASSOCIATION TYPOGRAPHIQUE

F. PLAN, rue de la Barre, 12.

1892

LA CROIX-ROUGE DE FRANCE

DISCOURS DE RÉCEPTION

A L'ACADÉMIE DES SCIENCES, BELLES-LETTRES ET ARTS DE LYON

Prononcé dans la séance publique du 23 février 1892

PAR

M. LÉON MALO

MESSIEURS,

L'éminent professeur, le savant linguiste, que vos bienveillants suffrages m'ont appelé à remplacer dans votre Compagnie, est heureusement de ceux dont on peut faire l'éloge sans emprunter le mode funèbre. Il a pris rang en pleine santé, en pleine possession de sa belle intelligence, dans les régions supérieures de l'éméritat, dont l'accès est la récompense d'une longue et féconde collaboration à vos travaux. Cet honneur lui était dû à plus d'un titre. Longtemps doyen de la Faculté de théologie de Lyon, M. l'abbé Guinand ne s'est pas borné à remplir avec une haute distinction les devoirs de sa charge ; il y a joint des compétences diverses qui lui donnaient le droit de frapper à plus d'une des portes de cette maison. S'il est un de nos hébraïstes les plus érudits, il possède en même temps une connaissance approfondie de l'art chrétien des temps passés. S'il est habile à reconstruire, sur des documents indécis, le temple de Salomon, ou à rétablir l'état civil des sculptures du XVIIe siècle, il traitera tout aussi magistralement les questions de philosophie transcendante, comme il l'a fait devant vous dans sa belle étude sur l'*intelligence humaine*.

J'aurai de la peine, Messieurs, à mettre ce discours à la hauteur que cette succession m'impose ; mais, pour racheter cette infériorité, j'ai compté, je l'avoue, sur le puissant attrait qui s'attache au sujet que j'ai choisi pour le traiter ce soir devant vous. Je m'en suis épris, de ce sujet, avec une ardeur que je m'efforcerai de vous faire partager ; car je n'en sais pas de plus digne d'être connu, ni de plus utile à divulguer. Je me suis fait un devoir de dire publiquement, par tous les moyens, et en toute occcasion, la profonde admiration qu'il m'inspire; vous m'avez prêté pour remplir ce devoir la plus enviable tribune que je pusse souhaiter ; soyez en remerciés pour l'œuvre magnifique dont je vais vous entretenir, et couvrez de votre indulgence l'insuffisance de son panégyriste d'occasion.

Messieurs, je m'évertuerais à enfoncer une porte grande ouverte, si je m'arrêtais ici à accabler de mes anathèmes la chose extravagante et féroce qu'on appelle la guerre. Il n'est assurément personne parmi vous qui ne l'ait, comme moi, en haine profonde. On aura beau magnifier les campagnes célèbres et entourer d'auréoles les grands capitaines qui les ont faites, on ne parviendra jamais à rendre moins absurde l'éternel contre-sens qui transforme un assassinat en titre d'honneur, parce que le drame est plus vaste et qu'il y a plus de sang répandu. Le meurtre d'un homme vous conduit en Cour d'assises ; le massacre de cent mille marque la place du meurtrier dans les apothéoses de l'histoire.

Je ne me propose pas, rassurez-vous, Messieurs, de discuter ici cette aberration énorme. Elle est vieille comme le monde ; elle vivra sans doute autant que lui ; elle est en faveur sous toutes les latitudes, chez les peuples les plus policés autant que chez les plus sauvages. Même pour nous, qui nous estimons le plus spirituel de tous, même au déclin d'un siècle lumineux où notre génie s'est surpassé, cet expédient farouche est encore le seul moyen pratique de régler les différends entre nations civilisées. Il faut donc qu'il ait quelque mystérieuse raison d'être, devant laquelle nos curiosités de philosophes sont tenues de s'incliner, impuissantes à en écarter les voiles. Nous devons la subir, comme une servitude, comme un châtiment peut-être ; en tous cas, comme une humiliante démonstration de la faiblesse et de l'incohérence humaines. Bon gré, mal gré, en dépit des préceptes les plus élémentaires du bon sens, il nous faut rester armés jusqu'aux dents, aux prix d'incalculables sacrifices d'argent et de bien-être, sans cesse aux aguets, l'œil sur l'horizon, parce que le caprice d'un homme peut d'une heure à l'autre nous forcer à tirer l'épée.

Certes, quand il s'agit de protéger la patrie attaquée et le foyer envahi, il n'est rien de plus noble que le souffle guerrier, rien de plus auguste que la force mise au service du droit. Alors le sacrifice est sublime et le devoir devient sacré ; il est impie de chercher à s'y soustraire. Mais, le peuple qui se rue sur un autre pour le dépouiller, pour l'amoindrir, pour satisfaire les ambitions politiques d'un homme ou sa soif de gloire militaire, ce peuple-là est fou ou esclave ; celui qui, sauf en cas de légitime défense, le mène en même temps à la conquête et à l'abattoir, fait purement acte de scélérat. Tous les lauriers conquis par ces brigandages, tous les *vivats* poussés en l'honneur des victorieux, tous les *Te Deum* chantés pour rendre grâces à celui que, par une abominable impiété, ils appellent le « Dieu des armées », ne parviendront jamais à rendre moins odieux l'attentat. Napoléon fut un merveilleux génie ; je ne saurais dire cependant ce qu'il mérite le plus, de l'admiration de la postérité ou de son éternelle exécration.

Et, plus nous allons, plus ces rencontres insensées deviennent meurtrières ; plus les progrès de la métallurgie militaire font de la guerre une boucherie hideuse où l'héroïsme est trop souvent réduit à la résignation stoïque de la victime qu'on saigne. Grâce au perfectionnement incessant du matériel de guerre, un régiment sera désormais exterminé en quelques heures, dans la solitude et le silence, sans voir seulement d'où lui viendra la mort. Et les spécialistes assurent que l'art de tuer n'a pas dit son dernier mot.

Cependant, au milieu de ces horreurs, une lueur consolante est apparue. Jadis, pour simplifier les opérations stratégiques et diminuer les *impedimenta* du combat, on égorgeait les blessés. Plus tard, méthode plus cruelle encore, on se bornait à les abandonner sur le champ de bataille. Grâce à Dieu, ces phénomènes d'inhumanité ne sont plus qu'une légende ; le service de santé est aujourd'hui organisé dans l'armée de façon à pourvoir largement aux premiers besoins ; de son côté, l'initiative privée s'est généreusement et laborieusement préparée à soulager, dans la mesure du possible, les souffrances devant lesquelles la chirurgie militaire officielle débordée deviendrait insuffisante. Cette organisation spéciale de la charité, en vue des batailles futures, est surtout l'œuvre du dernier quart de siècle.

Messieurs, nous ne sommes pas encore si éloignés de l'année fatale, que la plupart d'entre nous n'aient pu voir de leurs yeux quelque échantillon des calamités de la guerre. Pas un de ceux-là n'en perdra jamais la mémoire. Ceux qui, grâce à leur âge, ont eu le bonheur d'échapper à ces visions terrifiantes, en ont lu du moins les récits dans les auteurs témoins de l'inoubliable tragédie. Parmi ces impressions, il en est une qui, à l'heure qu'il est, me fait frissonner encore quand l'image m'en revient à l'esprit : c'est celle du retour des blessés.

Qui, en effet, l'ayant vu une seule fois, pourra oublier le spectacle de l'arrivée des blessés de l'armée de l'Est à la gare de Perrache? De telles scènes dépassent la limite du fantastique. Le châtiment de ceux qui avaient attiré sur leur pays cette guerre criminelle eût dû être d'assister à ces lugubres manœuvres, de contempler ces amas d'êtres humains, sanglants, mutilés, inertes, cadavres encore vivants, entassés pêle-mêle dans des wagons découverts, sur les quelques brins de paille que n'avait pas dispersés, le long du chemin, le vent glacé des nuits de décembre. C'est ordinairement vers minuit qu'ils arrivaient, après d'interminables trajets allongés encore par l'encombrement des lignes ferrées. On les déchargeait à la lueur des torches, sur les trottoirs, où les habitants de la ville venaient les recueillir et se les partager comme un butin. Chacun puisait au tas. On les emportait aux ambulances, après un triage préalable pour séparer ceux qui étaient morts en route de ceux qui respiraient encore. C'est avec des précautions infinies qu'il fallait manier ces pauvres corps endoloris pour ne pas accroître leurs intolérables souffrances; le moindre faux pas dérangeait les appareils posés à la hâte avant le départ, et quand on voulait remplacer leurs haillons par des vêtements plus chauds, on arrachait avec les chaussures des fragments de leurs pieds gelés!

Je ne veux pas demander, Messieurs, à l'excitation de vos nerfs les sympathies que j'attends pour l'entreprise admirable dont je me propose de faire l'apologie devant vous. Je n'insisterai donc pas sur ces réminiscences funèbres. J'ai voulu seulement m'y appuyer pour vous montrer quel considérable intérêt s'attache à l'institution fondée en vue d'atténuer les misères que je vous ai fait à peine entrevoir. Les événements qui les ont causées se renouvelleront-ils? J'ai la confiance que Dieu épargnera à nos fils l'épreuve démesurément douloureuse qu'il nous a infligée. Je suis même de ceux qui ne regardent pas comme inadmissible l'hypothèse d'un dénoûment pacifique de la question qui depuis vingt ans tient l'Europe en fièvre. J'ai la hardiesse de ne pas croire impossible qu'une étincelle de suprême bon sens inspire un jour à la diplomatie une solution que l'on ne soit pas obligé d'aller chercher sous cent mille cadavres. Si je me trompais; s'il fallait voir encore les peuples lancés dans quelqu'une de ces effroyables aventures, du moins l'assaillant nous trouverait-il debout, prêts à le recevoir, pourvus de l'outillage le plus habilement combiné, non seulement pour frapper, mais aussi pour soulager et guérir.

L'outillage de l'art de tuer, Messieurs, je m'en inquiète peu. Je le sais parvenu chez nous à un point de perfection et d'efficacité qui me fait presque douter que l'on puisse s'en servir jamais. Et cependant, le progrès marche toujours. On croyait naguère en avoir atteint les limites avec le fusil à tir rapide et des explosifs dont les formules chimiques donnent le frisson; voici maintenant que l'on vient d'imaginer une balle merveilleuse qui, au lieu de casser simplement les os, les subdivise à l'infini, les réduit en esquilles acérées qui pénètrent dans les chairs comme un paquet d'aiguilles. Puis on aura la poudre sans fumée qui procure le moyen de pulvériser un bataillon en moins de temps qu'il ne lui en faut pour se mettre en ligne. Voilà les améliorations récentes; quel nouvel instrument de meurtre nous réserve la science de demain? nous le saurons à son heure. Plaise à Dieu qu'elle découvre enfin l'engin que j'appelle de mes vœux comme le suprême bienfait : celui, canon ou fusil, qui sera capable de détruire en quelques heures toute une armée. Nous verrons alors si quelqu'un osera encore déclarer la guerre.

Heureusement pour l'honneur de l'humanité, à côté de cette marée montante de procédés d'extermination, une autre industrie non moins noble, et plus sûrement dans les vues du Créateur, est née de cette frénésie même et s'est donné pour mission d'en amortir les effets dévastateurs. Quoique bien jeune encore, cette œuvre de haute et pieuse solidarité s'est développée en silence, dans le demi-jour, avec une surprenante rapidité. C'est avec une satisfaction profonde et émue, qu'admis à l'honneur de collaborer à ses travaux, j'ai pu voir par mes yeux quels bienfaits elle tient en réserve pour les éventualités auxquelles, ainsi qu'on l'a dit avec grande raison, il faut songer toujours sans en parler jamais. Vous entendez, Messieurs, qu'il s'agit de la Société de secours aux blessés, de la *Croix-Rouge de France*.

C'est, Messieurs, le 20 octobre 1863, date mémorable dans l'histoire de la charité, que quelques hommes de bien et d'intelligente bonne volonté ouvrirent à Genève, sous la présidence du général Dufour, la conférence d'où devait sortir l'institution de la *Croix-Rouge*.

C'est là que furent posées les premières pierres d'une fondation destinée à épargner à l'humanité, dans ses accès de délire guerrier, d'incalculables souffrances. L'objet de cette première réunion était de proposer aux gouvernements exposés à devenir un jour ou l'autre belligérants, un accord par lequel, en temps de guerre, le service médical des armées, son personnel auxiliaire, son matériel, ses hôpitaux, ses ambulances et ses blessés seraient neutralisés et respectés, autant que faire se pourrait, par le feu des adversaires.

Le 22 août 1864, une réunion de délégués des dix principaux états européens, consacrant officiellement les principes
émis par la conférence, arrêta et signa un acte donnant à cette
délibération le caractère et la force d'un traité international :
c'est l'acte connu sous le nom de *Convention de Genève.*

Avant de se séparer, les délégués adoptèrent un insigne de
neutralité qui devint la marque universelle de protection du
blessé : c'était la croix helvétique, rouge sur fond blanc.

Cette création, toute platonique à son début, ne pouvait
vivre et prospérer qu'à la condition de devenir une œuvre d'ini-
nitiative privée. C'était beaucoup d'avoir placé théoriquement
le service sanitaire des armées à l'abri des brutalités de la
lutte ; mais cela n'avait, en fait, que la valeur d'un principe.
Pour rendre ce principe fécond, il fallait autre chose ; il fallait
que l'élément civil, protégé par une investiture officielle, for-
mât à côté du service de santé militaire, au-dessous de lui,
derrière lui si l'on voulait, une seconde armée de secours,
subordonnée à la première et prête à lui donner main forte.

Dans tous les États co-signataires de l'acte de 1864, cette
seconde armée se forma presque immédiatement, avec plus ou
moins d'ardeur et de rapidité. A ce concours d'humanité et de
dévoûment, la France, j'aime à le dire, arriva l'une des premières. Dès 1865, sa société de secours aux blessés était fondée.
Les autres nations rivalisèrent de zèle pour la création des
leurs et, au courant de l'étrange campagne de 1866, funeste
prélude de celle de 70, on vit à l'œuvre, simultanément, les
deux Sociétés, autrichienne et prussienne, hâtivement organi-
sées, pleines d'indécision et d'inexpérience, mais déjà solides
en dépit de leur jeunesse. Elles purent montrer dans l'action,
leurs avantages comme leurs incorrections. Ce fut pour la
Croix-Rouge française un enseignement qu'elle se garda de
négliger. Aussi, lorsqu'en juillet 1870 éclata le coup de ton-
nerre précurseur de tant de désastres, était-elle déjà en état

de rendre de grands services. Malheureusement, les besoins furent hors de toutes prévisions et de toutes proportions. Dès la première bataille, malgré des efforts presque surhumains, la Société était déjà débordée. Pour supporter sans faiblir un choc pareil, il eût fallu plus de maturité, une plus longue préparation, plus d'expérience qu'elle n'en avait pu puiser dans les cinq années qui formaient toute sa carrière. Avec ses ressources pécuniaires insuffisantes, son personnel à peine dégrossi, son matériel embryonnaire, elle fit cependant des prodiges. Pas un instant elle ne désespéra d'elle-même en présence de cette catastrophe inouïe; jusqu'au dernier coup de feu elle fut là, impassiblement secourable. Elle sut ajouter une gloire de plus aux gloires de la défaite.

C'est un souvenir pour moi plein encore d'admiration et de patriotique angoisse que le spectacle auquel j'assistai un jour de juillet ou d'août de cette triste année 1870, sur les grands boulevards de Paris. Une ambulance mobile y cheminait, se dirigeant vers la gare de l'Est. Je voyais pour la première fois cette croix rouge sur le bras des médecins et des infirmiers, sur les charrettes encore rudimentaires, sur les caisses d'outils et de médicaments. Il était bien maigre le pauvre convoi; elle était bien petite la goutte d'eau qui s'en allait ainsi à l'océan; mais une mélancolie poignante vous étreignait le cœur à la vue de cette émouvante nouveauté. La foule saluait en silence; c'était dans la plus glorieuse de ses formes, la sainte charité qui passait. Nul ne se doutait encore de l'invraisemblable étendue des maux sur lesquels son héroïsme allait se briser.

Bien d'autres suivirent celle-là. Par malheur, c'était trop peu qu'un entraînement de quelques années pour une besogne aussi formidable; c'était trop peu qu'une genèse accomplie dans la quiétude d'une paix que personne n'eût osé croire si fragile. La Croix-Rouge fut merveilleuse de courage, de dévoûment et d'abnégation : médecins, ambulanciers, brancardiers, sœurs de Saint-Vincent-de-Paul, donnèrent plus qu'il n'était permis de demander aux forces humaines ; mais la tâche était plus grande encore ; le torrent des blessés et des malades à recueillir et à soigner dépassa tout ce que les imaginations les plus sombres eussent pu prévoir. Cent quarante mille morts ou mourants à relever, trois cent mille malades, cent cinquante mille blessés à traiter, voilà le déchet avoué par les rapports officiels ; je n'ose dire les chiffres que le public affolé lisait entre les lignes.

La Croix-Rouge de France s'y dépensa sans compter ; l'épouvantable moisson ne la fit pas reculer d'une semelle ; mais elle devait fatalement succomber à la peine. Elle était trop jeune et ils étaient trop !

Ce fut pour elle, Messieurs, une terrible leçon de choses. Leçon longuement, mûrement méditée depuis, et sagement mise à profit comme vous le verrez tout à l'heure.

Depuis la grande guerre, en effet, la Société s'est perfectionnée dans le silence et le recueillement, mais avec une indomptable persévérance. Ceux qui, comme moi, ont vu l'organisation indigente, le matériel grossier, le personnel emprunté des chétifs convois de 1870, ont éprouvé en visitant l'Exposition de 1889 je ne sais quel sentiment de joie mêlée d'une stupeur profonde. Seule, la charité peut accomplir de ces bonds prodigieux.

Je reviendrai dans un instant, Messieurs, sur cet étonnant résultat ; je veux vous dire auparavant, en peu de mots, ce que furent les actes de la Croix-Rouge durant ces vingt années de laborieuse et féconde gestation.

Dès la guerre finie et la paix signée, la Société se mit en devoir d'utiliser la sanglante expérience à laquelle elle venait d'assister.

La tuerie avait cessé ; mais le ciel demeurait sombre. La blessure faite à notre frontière de l'Est était encore trop fraîche et trop vive pour que le moindre incident diplomatique ne lui causât pas des irritations dangereuses ; les plus optimistes jugeaient prudents de se tenir prêts à de nouvelles luttes. La Croix-Rouge ne voulut pas être prise une seconde fois au dépourvu, elle se consacra à ses préparatifs avec un redoublement d'ardeur. Elle commença par jeter au rebut son informe matériel de transport, douloureux pour le blessé et dont elle avait reconnu les vices dans les dernières batailles. Tout fut remis à l'étude et au moule.

Puis elle s'attacha à former un personnel d'infirmiers et de brancardiers. Elle se souvenait des complications affreuses qu'avait produites dans les hôpitaux l'ignorance médicale des personnes de bonne volonté, qui s'offraient à venir soigner les blessés avec un dévoûment trop souvent stérile, parce qu'il était inexpérimenté. Elle créa des cours de chirurgie élémentaires où les connaissances pratiques les plus indispensables étaient vulgarisées et mises à la portée de tous. Elle eut ainsi un personnel d'infirmières d'élite ; d'autant plus précieux, que la femme ne soulage pas le pauvre soldat blessé seulement avec ses pansements et ses remèdes, elle le ranime avec son regard compatissant, elle le réconforte avec sa douce parole, avec je ne sais quoi de tendre et de rassérénant qui lui procure l'illusion du foyer maternel.

En organisant la coopération de la femme à sa grande œuvre, en s'en faisant un auxiliaire désormais indispensable, la Croix-Rouge a doublé l'efficacité de son bienfait. On ne comprendrait pas aujourd'hui une société de secours aux blessés sans le concours des comités de dames, qui d'ailleurs se fortifient et s'accroissent sans cesse. On n'admettra bientôt plus qu'une femme du monde, de celles que les préoccupations de la vie matérielle n'absorbent pas tout entières, ne consacre pas une partie de son temps, de son activité et du budget de ses plaisirs à ce devoir plus impérieux que toutes les obligations imposées par les convenances sociales. Je me hâte de reconnaître que si toutes les femmes de bien ne sont pas encore affiliées à la Croix-Rouge, c'est que beaucoup d'entre elles ignorent ce qu'elle est et quelles précieuses satisfactions elles trouveront à devenir ses collaboratrices.

Il ne saurait être question ici, Messieurs, de raconter par le menu l'existence de la Société de secours aux blessés depuis la guerre fatale de 1870, jusqu'au jour où nous sommes. C'est l'histoire un peu monotone d'un labeur ardent, opiniâtre et sans trêve, auquel on ne peut reprocher que de s'être accompli dans l'ombre, inconnu de beaucoup de ceux qui s'y fussent dévoués de toutes leurs forces et de toute leur âme s'ils en eussent mieux connu le but et l'efficacité.

On ne se doute pas en effet, dans le grand public, de ce que la Société a su faire pendant ces vingt années de paix, avec des ressources dont l'insignifiance ferait sourire. Presque épuisée par la guerre et par la Commune, elle a pu cependant donner aux blessés du passé pour un million et demi de secours. Elle a pu, en outre, créer un matériel considérable de transport et de traitement, qu'elle maintient en état d'activité relative en l'utilisant aux accidents ordinaires.

Elle a, pour conserver ce matériel dont des spécimens ont été présentés dans les expositions internationales, un dépôt central à Paris et quarante-six dépôts disséminés dans les dix-huit régions militaires.

Elle a des cadres de recrutement où figurent, comme infirmiers ou comme brancardiers, des hommes de bonne volonté de toutes les classes. J'ai dit tout à l'heure quelles mesures elle a prises pour procurer à son personnel l'instruction primaire médicale nécessaire à ces fonctions.

Enfin, tant aux ambulances de l'Algérie et de la Tunisie qu'à celles du Tonkin et de Madagascar, elle a envoyé en

argent et en dons de toute nature une somme de plus de
700,000 fr. Laissez-moi ajouter, Messieurs, que par un grand
acte de solidarité internationale, la Société a tenu à montrer
qu'à ses yeux, c'est du blessé surtout que l'on peut dire qu'il
a deux patries : la sienne et la France. En 1878, elle a envoyé
aux blessés des armées russes et ottomanes des secours dépas-
sant 400,000 fr.

Je vais maintenant, Messieurs, vous montrer quelle est
aujourd'hui la situation légale de la Croix-Rouge en France,
quelles sont ses ressources actuelles, quelles espérances il
est permis de fonder sur elle pour les blessés et les malades
militaires, si le pays devait encore avoir besoin de recourir à
ses services.

Le décret du 3 juillet 1884, qui définit son rôle et fixe ses
attributions, dit :

« L'intervention de la Société consiste en temps de guerre :

« 1° A créer dans les places de guerre et dans les localités
qui lui sont désignées par le ministre ou les généraux commandant le territoire, suivant le cas, des hôpitaux destinés
à recevoir des blessés ou des malades appartenant aux armées.

« 2° A prêter son concours au service de l'arrière en ce qui
concerne :

« Les trains d'évacuation;

« Les infirmeries de gares;

« Les hôpitaux auxiliaires du théâtre de la guerre. »

Si j'osais, Messieurs, discuter ici le texte auguste de la loi,
je me permettrais peut-être de dire qu'en limitant ainsi le rôle
de la Croix-Rouge, on ne lui a pas demandé tout ce qu'elle
pourrait donner. Je pense même que le jour où l'action serait
engagée, l'autorité militaire reconnaîtrait bien vite la néces-
sité de la rapprocher du feu et de mettre à plus large contri-
bution son dévoûment patriotique.

Certes, nous avons, dans l'armée régulière, un corps médical d'une valeur hors ligne, organisé avec une prudence et une précision admirables. Tout y est minutieusement prévu; les précautions sont prises pour que, le moment venu, ce gigantesque mécanisme fonctionne sans désordre, sans accrocs, comme le mouvement d'une horloge bien réglée. Mais, Messieurs, est-ce que la prochaine guerre ressemblerait à rien de ce qui a été? A rien de ce qui est seulement soupçonné? Ne sentons-nous pas tous, même ceux qui, comme moi, n'ont aucune compétence dans les choses militaires, que quelque formidable inconnu nous attendrait au seuil de cette lutte dernière? Ce n'est plus en effet la centaine de mille, c'est le million qui deviendrait l'unité dans l'épouvantable arithmétique de ces nouveaux carnages. C'est par masses impossibles à nombrer que, dès les premières minutes de la collision, les victimes des armes perfectionnées réclameraient le secours du service médical. A six médecins ou chirurgiens par régiment, doublés ou triplés si vous voulez pour la circonstance, aidés comme brancardiers par les non-combattants, musiciens et ouvriers militaires, voyez-vous ce qu'il adviendrait de cet incommensurable flot de blessés?

Aussi, est-il bien invraisemblable que la Croix-Rouge pût rester longtemps confinée dans le rôle de spectateur impassible, en présence des massacres de la première heure; que le règlement le veuille, ou non, rien ne pourrait l'empêcher d'en franchir les limites et d'aller au-devant de la triste moisson sous laquelle le service médical officiel serait infailliblement écrasé. Elle l'a prévu d'ailleurs, et dans les bornes trop étroites encore de ses ressources, elle se prépare incessamment à cet accroissement éventuel de ses devoirs.

Elle ne peut s'y préparer malheureusement que d'une façon restreinte, en ce qui concerne l'organisation du personnel; car, une déclaration de guerre aurait naturellement pour pre-

mier effet de lui enlever le meilleur de ses forces. Les hommes
de la réserve et de la territoriale partis, il ne lui resterait d'ac-
tif que les bonnes volontés de plus de 45 ans. On a pu voir
en 1870 qu'ils étaient nombreux encore les sexagénaires qui
savaient faire à leur pays le sacrifice de leur repos et, au
besoin, de leur vie; il s'en trouverait bien encore quelques-
uns, je pense, pour aider dans sa sublime besogne la Croix-
Rouge de France. Et puis, Messieurs, à côté de la vieillesse
française, il y a encore, ainsi que je vous le disais tout à
l'heure, il y a pour la Croix-Rouge une autre et inestimable
ressource, il y a la femme française. On ne sait pas tout ce que
celle-là peut puiser d'énergie momentanée dans son cœur et
dans ses nerfs. Elle a, cachée sous sa faiblesse naturelle, une
force latente qui, dans une campagne où se joueraient les
destinées suprêmes de la patrie, se révèlerait tout à coup en
des expansions inattendues. Vous la verriez courir à l'ambulance, comme son fils ou son mari courraient au feu. Vous
verriez la femme du monde et la femme de l'ouvrier confon-
dues dans un même élan de patriotique tendresse, affluer aux
hôpitaux et y suppléer l'homme dans les tâches les plus péni-
bles et les plus rebutantes. C'est que, cette fois, il n'y en aurait
plus une seule qui pût être assurée de ne pas voir revenir l'un
des siens sanglant et mutilé du combat. Chacune saurait que,
tandis qu'elle prodigue des soins de mère à un pauvre blessé
inconnu, une autre femme, à une autre extrémité de la lutte,
donne peut-être la même assistance à un être qui lui est cher.
De cette solidarité touchante il faut attendre des miracles, qui
ne comptent pas dans le bilan officiel des forces du service
médical militaire, mais qui n'en seraient pas moins un inestimable appoint pour le soulagement des maux de la guerre.

La Société de la Croix-Rouge y a bien compté; car, l'une
de ses plus intelligentes et ses plus utiles créations a été,
comme je viens de le dire, celle des cours élémentaires de

chirurgie, de pansement et des premiers soins à donner aux blessés ; cours à l'usage des dames qui, c'est une joie de le constater, y sont de plus en plus nombreuses et de plus en plus assidues.

Dans cette armée auxiliaire de secours aux blessés, en tête des amazones de la charité qui se préparent ainsi par des études graves aux surprises de l'avenir, il faut placer au rang d'honneur, c'est-à-dire à celui qui est le plus près du danger, leur état-major obligé, la fille de Saint-Vincent-de-Paul. Elle a pu se laisser chasser des hôpitaux civils ; elle ne se laisserait pas aussi docilement déloger du poste périlleux dont ses traditions, son mépris de la mort et son dévoûment légendaire lui ont fait une propriété inaliénable. Là, du moins, elle est bien chez elle. Je ne connais pas la loi qui pourrait la venir troubler dans cette imprescriptible possession.

Le personnel de la Croix-Rouge en temps de guerre, sera donc, Messieurs, d'une espèce nouvelle : des vieillards, des femmes, des impropres au service ; c'est avec ces non-valeurs qu'elle compte aller au feu et y remplir ses grands devoirs.

Il est vrai qu'elle leur mettrait entre les mains un outillage que je ne puis avoir la prétention de vous décrire ici, mais que je ne veux cependant point passer sous silence car il simplifie d'une façon surprenante les opérations dont elle a pris la tâche, et rend praticable le problème redoutable qu'elle s'est posé.

Instruite par la cruelle expérience de 1870, la Société a dû, comme je le disais tout à l'heure, mettre au rebut presque tout le matériel dont elle s'était jusque-là servie, pour en créer un autre, tenu sans cesse au même niveau d'achèvement que les perfectionnements accomplis à côté d'elle par les procédés d'extermination.

On ne peut se rendre bien compte de ces progrès, que si l'on a visité, il y a deux ans, à l'esplanade des Invalides, l'exposition que la Société a faite des principaux spécimens de son outillage actuel. C'est là que l'on a pu voir dans leur plénitude les résultats du puissant effort de dix-huit années qui, poursuivi sans relâche et sans lassitude, a abouti à cette exhibition superbe. Beaucoup d'entre vous, Messieurs, ont sans doute visité ce curieux et imposant échantillon, malheureusement noyé dans l'immensité des choses d'alentour. Trop d'attractions plus tapageuses sollicitaient votre attention ; ce n'est pas dans un tel milieu que j'eusse voulu le voir ; je ne puis m'empêcher de regretter qu'une exposition spéciale et permanente n'en soit pas faite en place plus tranquille, non seulement à Paris, mais aussi dans les principales grandes villes de France. Ce serait un enseignement salutaire pour le soldat ; il apprendrait là que, si la patrie avait jamais besoin de son sang, elle travaille du moins assidûment à lui en rendre le sacrifice moins cruel. Ce serait aussi une vision consolante qui rendrait moins douloureux aux mères le cauchemar de la guerre future. J'ajoute que la Société elle-même y trouverait son compte, car il n'est guère permis de sortir d'une visite pareille sans s'être fait affilier à cette franc-maçonnerie sainte.

Ainsi que je l'ai dit il y a un instant, Messieurs, la loi de 1884 restreint le rôle de la Croix-Rouge à un service sanitaire de troisième ligne. La Société ne s'en est pas moins imposé le devoir de s'organiser comme si les péripéties de la bataille devaient forcément l'amener jusqu'aux confins de l'action. Son matériel est conçu en conséquence. En dépit des prévisions optimistes du service de santé militaire, elle a supposé qu'elle aurait, comme en 1870, à ramasser les blessés jusque sous le feu de l'ennemi et à les apporter sur ses brancards à la limite d'atteinte des projectiles. Là, ses voitures les attendront pour les conduire aux trains-ambulances les plus voisins ou aux hôpitaux volants installés dans les environs.

Le premier acte du sauvetage, et le plus périlleux, appartient donc aux brancardiers. Vous devinez, Messieurs, ce que demande d'héroïsme le rôle qui consiste à aller de sang-froid sur le champ de bataille, sans armes, étranger à la fièvre de la lutte, recevant les coups sans les rendre, fouiller les tas des morts pour en arracher les blessés. En 1870, il y eut parmi les brancardiers volontaires des faits d'intrépidité froide, presque surhumains.

L'outillage du brancardier est, par sa simplicité même, celui dont la création exige le plus d'étude et d'ingéniosité. Son aménagement doit être combiné en vue de rendre le moins long et le moins pénible possible le trajet entre le champ de bataille et la zone de sécurité. Car, d'attendre que le feu soit éteint ou que l'axe du combat se soit déplacé, il n'y faut plus songer aujourd'hui que les savants spéciaux espèrent arriver à abattre un régiment avant qu'il ait pu se reconnaître.

Aussi, est-ce avec une minutieuse sollicitude que le brancard du dernier modèle a été construit. On s'est ingénié à le disposer de façon à éviter la rudesse des cahots et des secousses. Grâce à lui, le blessé arrive presque sans heurt à destination ; à moins que l'un des porteurs ne tombe à son tour. — La croix de Genève ne donne pas d'immunités contre la balle perdue ou l'éclat d'obus. — Sur la lisière du champ de bataille se trouvent les voitures de transport, parfois les trains-ambulances. Les voitures sont disposées avec une habileté rare. Tous les outils, engins et médicaments des premiers secours y sont accumulés à profusion et ingénieusement condensés. Elles sont attelées chacune de un ou de deux chevaux. Les plus perfectionnées sont à quatre roues, pour que le blessé y soit moins secoué, et parfaitement suspendues. Huit hommes y tiennent couchés, ou douze assis. Elles sont assez légères cependant pour pouvoir franchir tous les obstacles naturels et s'approcher, autant que la prudence le permet, des monceaux de chair humaine où les brancardiers font leur lugubre triage, afin de ménager les forces de ceux-ci, singulièrement précieuses à cette heure critique, et de ne pas les exposer inutilement.

Lorsqu'on est loin de toute voie ferrée, les voitures vont verser leur chargement dans des tentes-hôpitaux qui, en quelques minutes, peuvent s'établir dans le voisinage, ou être pliées et transportées ailleurs. Là s'opèrent les premiers pansements ou les amputations urgentes ; puis d'autres voitures recueillent les patients pour les verser à leur tour soit aux hôpitaux fixes les plus proches, soit aux trains-ambulances du chemin de fer voisin.

Une merveille entre ces merveilles, Messieurs, ce train-ambulance. Il est impossible de le traverser de part en part sans en conserver une profonde impression. On y est, dans la même minute, émerveillé, attendri et terrifié. On dirait, quand on parcourt l'enfilade des douze ou quinze wagons dont il se compose, que le bruit du canon bourdonne au loin ; que les petits lits blancs, alignés et superposés à droite et à gauche, vont dans un instant se peupler de blessés. Tout est prêt pour les recevoir, pour les réchauffer, pour les panser, pour les sauver si la science de guérir y peut encore quelque chose. Toute la farouche quincaillerie du chirurgien est là, rangée dans ses boîtes, en un ordre et avec une abondance qui donnent froid dans le dos. Là se dressent les tables où seront coupés les membres et fouillées les chairs pour y retrouver les projectiles ; là le baquet où tomberont les jambes et les bras amputés. Les bandelettes, la charpie, les appareils, les cordiaux, les ingrédients antiseptiques, les mille objets nécessaires pour exécuter les opérations et pour en conjurer les suites sont ici, classés, étiquetés, appropriés de façon que, le moment venu de s'en servir, nulle confusion, nulle fausse manœuvre ne viennent en compromettre le succès. Tout est prévu et étudié avec une précision, une minutie, une entente des moindres besoins, qui ne laissent aucune prise à l'inattendu; tout, jusqu'aux détails les plus infimes, jusqu'aux objets les plus vulgaires; personne n'a envie de sourire, je vous assure, en voyant, plié sur le traversin, le bonnet de coton qui peut-être un jour coiffera le crâne fracassé du soldat!

Ce train-ambulance, je l'ai dit, Messieurs, fait la navette entre les abords du champ de bataille et les hôpitaux les plus voisins. S'il n'existe pas dans les environs d'hôpital fixe, on installe, aussi près que possible de l'action, des hôpitaux volants où les trains viennent verser leur sanglante récolte.

Ces hôpitaux volants sont combinés de façon à pouvoir être installés en trois heures. Trois autres heures suffisent pour les démonter, pour réemballer leur mobilier, replier les toiles de leur abri et remettre le tout sur les voitures qui doivent le conduire sur un autre point. Ce sont de vastes tentes à double tissu, pouvant se fermer hermétiquement, ayant pour plancher les caisses mêmes dans lesquelles elles sont emballées pièces par pièces et transportées. Le mobilier, l'outillage et la pharmacie sont disposés dans d'autres caisses à compartiments, qui permettent de les déménager presque en un clin d'œil.

Mais, de telles descriptions prolongées deviendraient fastidieuses et, si je m'abandonnais au plaisir que j'y trouve, j'aurais bien vite franchi, Messieurs, la limite du temps que votre indulgente attention veut bien m'accorder. Je les interromps donc avec regret, pour vous dire quelques mots de l'organisation de la Croix-Rouge dans notre région lyonnaise et des services qu'elle y a déjà rendus.

Ainsi que j'ai eu l'honneur de vous l'expliquer, Messieurs, la Société de secours aux blessés couvre la France d'un réseau constitué en une sorte de fédération dont la capitale est Paris. A la tête de cet ensemble est actuellement placé le glorieux vaincu de Reischoffen, assisté d'un comité de cinquante membres élus dont, à des titres divers, tous les noms sont connus ou illustres ; un second comité, de cinquante dames, dont j'ai dit tout à l'heure le rôle, assiste le premier. C'est le gouvernement central de l'Association. Dans chaque région de corps d'armée existe un Comité départemental, correspondant du Comité central, et dont le président est officiellement accrédité auprès du général commandant ce corps d'armée. Ce comité départemental, de même que le comité central, est subdivisé en comité d'hommes et comité de dames.

Je m'en tiendrai, Messieurs, à vous parler du comité régional lyonnais, le plus ancien de France, présidé comme vous le savez avec un dévoûment et un zèle infatigables par l'un de nos plus sympatiques compatriotes, M. Gabriel Saint-Olive, et dont plusieurs d'entre nous font partie.

Le comité lyonnais de la Croix-Rouge, Messieurs, a fait ses premières armes en 1870. C'est lui qui a installé cette ambulance de la gare de Perrache où se passaient les scènes navrantes dont je vous ai rappelé il y a un instant le souvenir. En même temps, il formait dans la ville trois ambulances volantes et soixante-deux ambulances sédentaires, où près de deux mille lits purent être mis à la disposition des blessés. Plus de quinze mille blessés ou malades furent reçus, couchés et provisoirement soignés à l'ambulance de Perrache, puis répartis entre les ambulances sédentaires de la ville où, grâce à cette dissémination et à l'excellence des secours qui leur furent prodigués, la plupart guérirent. Si vous me permettez d'ajouter quelques chiffres de statistique à l'honneur du Comité de Lyon et de la charité lyonnaise, je dirai, d'après les documents officiels, que l'ambulance de la gare a effectué seize mille pansements, que les séjours dans les ambulances sédentaires ont représenté cent quatre-vingt-trois mille journées de traitement et que la mortalité y a dépassé à peine cinq pour cent des malades ou blessés.

Les trois ambulances volantes qui ont donné, à proximité des champs de bataille, les premiers secours aux blessés et les ont ensuite évacués sur les petites ambulances fixes établies dans les villages circonvoisins, occupaient cent cinquante médecins, chirurgiens ou infirmiers volontaires, tous Lyonnais.

Le Comité départemental du Rhône a dépensé en secours aux blessés, durant la guerre de 1870, huit cent vingt mille francs, sans compter les dons en nature, comestibles ou vêtements, offrandes de la charité privée qui affluaient jusqu'à la prodigalité.

Il a donc rempli noblement son office aux jours de la lutte; il n'a cessé de le remplir, depuis, avec la même ardeur et le même dévoûment. Il a reporté sur les victimes de nos guerres coloniales sa sollicitude, à laquelle la paix continentale faisait heureusement des loisirs. Toutes ses ressources depuis vingt ans ont été consacrées à soulager les soldats malades ou blessés revenant du Tonkin ou des autres colonies non encore pacifiées. Enfin lorsque, il y a quelques années, des nuages semblèrent s'amonceler sur la frontière de l'Est, elle eut presque soudainement à faire ses préparatifs pour une entrée en campagne. En quelques jours, deux mille lits et le concours de soixante médecins lui étaient assurés. L'orage s'est dissipé; mais cette alerte a montré quelle est sa vitalité et quel fonds on peut faire sur elle pour le cas d'une nouvelle tempête

Cependant, Messieurs, il faut bien le confesser, ces résultats, si beaux qu'ils soient, ne doivent point inspirer une sécurité absolue. Je ne crois pas commettre une indiscrétion bien coupable en disant que le budget de la Société, au moins en ce qui concerne le Comité du Rhône, ne serait pas à la hauteur des événements le jour où éclaterait un orage sérieux. Il faut comprendre que, malgré tous les soins dont il peut être l'objet, un matériel comme le sien ne reste pas impunément dans l'inaction pendant une paix prolongée. Des véhicules spéciaux, un outillage chirurgical, une pharmacie, une lingerie, tout cela se détériore à la longue et risque d'être inutilisable le jour où l'on a besoin d'y recourir. Ce que l'on doit avoir sans cesse sous la main et ce que le temps n'amoindrit pas, ce sont les cadres, et l'argent pour les remplir du jour au lendemain.

Cet argent, la Société étant une institution purement privée, ne peut le tenir que de la générosité publique. C'est des libéralités volontaires qu'elle l'attend et qu'elle a le droit de l'attendre. Si l'on pouvait reprocher quelque chose aux promoteurs et aux administrateurs de l'œuvre, ce serait peut-être d'avoir été trop discrets dans leur propagande, trop timides dans leurs sollicitations. Quand on travaille pour une pareille entreprise, un peu de hardiesse à violenter les bourses ne messied pas. Et cette violence même est superflue; il suffirait que le grand public fût édifié sur ce qu'on lui demande, qu'il sût bien où tend le sacrifice qu'on lui impose, l'argent ensuite affluerait tout seul.

Il se peut que quelques-uns, troublés dans leur quiétude par ces mesures de précaution à lointaine échéance, estiment qu'une accumulation de capital indéfiniment disponible soit, économiquement, une opération incorrecte. Il est vrai, la Croix-Rouge n'est pas une banque et la fructification de ses fonds laisserait sans doute à désirer; mais elle se souvient de 1870, et, si improbable que soit le retour d'événements semblables, elle veut être debout sans cesse et armée pour leur faire face. Le lendemain d'une déclaration de guerre elle aurait autre chose à faire que d'aller tendre la main.

Je m'arrête, Messieurs; l'intérêt de mon sujet m'a sans doute entraîné plus loin qu'il n'eût convenu. J'espère qu'il me sera venu en aide pour vous faire oublier la longueur de ce dis-cours.

Si je m'y suis attardé avec un peu trop de complaisance, c'est qu'aujourd'hui la question qu'il soulève est d'intérêt universel.

Les nouvelles lois militaires ont, en effet, créé à la Société de secours aux blessés une situation à laquelle elle n'était pas préparée.

A présent que chacun est soldat pendant vingt-cinq ans de sa vie, il n'est plus personne, du plus pauvre au plus riche, du plus humble au plus élevé, qui ne soit désormais intéressé à son développement comme à sa prospérité; il n'y a plus une maison qui, la guerre déclarée, ne doive avoir au moins un des siens devant l'ennemi; plus une, par conséquent, qui ne soit tenue de connaître la Croix-Rouge, de lui donner son concours et de lui apporter son obole.

L'affiliation à la Croix-Rouge comporte une cotisation de six francs par an.

Six francs! la valeur d'une place au théâtre, moins que le prix d'un sac de bonbons. Qu'est-ce que six francs dans le budget d'une famille? L'équivalent d'une privation, nulle pour beaucoup, insignifiante pour presque tous.

C'est cependant sur ces souscriptions minimes que la Croix-Rouge compte pour élever son capital à la hauteur de sa mission. Elle y compte, parce que le jour où l'on saura mieux ce qu'elle est, il n'est pas un homme de cœur qui ne veuille porter ce titre d'associé qu'on obtient pour quelques centimes. Elle y compte, parce que ce sont les filets d'eau qui font les fleuves.

Et c'est pour cette raison, Messieurs, que je l'ai choisie comme sujet de ce discours. Vous ne m'en voudrez pas, j'en

suis sûr, d'avoir profité de la place que vos suffrages m'ont
donnée pour faire à la Société de secours aux blessés une
réclame aussi peu déguisée. Je n'en ai aucune honte, et si
j'osais souhaiter davantage, ce serait de voir mes paroles,
en dépit de leur peu d'autorité, franchir ces murs pour se
répandre au loin.

Dieu ne voudra pas, j'en ai, comme vous tous, la ferme
espérance, que cette croisade sainte ait l'occasion de jouer le
rôle pour lequel elle s'est formée. Je fais des vœux ardents
pour que la Croix-Rouge reste inutile, pour que son matériel
pourrisse à jamais dans ses magasins, pour que ses capitaux
demeurent oisifs et improductifs. Mais nous avons vu si souvent dans l'histoire de ce siècle l'invraisemblable se changer
en réalités, que nous serions bien imprévoyants de ne pas
nous méfier. La guerre n'eût-elle qu'une chance infinitési-
male d'éclater, il faudrait encore prendre garde et se tenir
prêts.

On oublie trop et trop vite, Messieurs, dans notre fougueux
pays, et il est des choses dont il ne faut pas laisser s'effacer le
souvenir. Si nous, les témoins de ces événements lugubres,
nous les avions assez souvent, assez éloquemment racontés à
ceux qui ne les ont pas vus, ce n'est pas par milliers, c'est par
millions que se nombreraient aujourd'hui les adhérents à la
Croix-Rouge. Les nouveaux venus dans la vie, qui n'étaient
pas alors en âge de sentir et de comprendre, n'ont guère
retenu de l'histoire de nos désastres que leurs péripéties
stratégiques, leurs faits d'armes glorieux et leurs douloureux
revers. Ce qu'ils ne savent pas, ce que bien peu de livres
disent, ce sont les horreurs d'après la lutte ; ce sont les lentes
agonies des soirs de combats ; les mourants étouffés sous les
morts ; les blessés oubliés dans la nuit, expirant abandonnés
dans les fossés des chemins, ou dans les terres hâchées par les
ouragans de la bataille. Qui de nous n'a perdu là quelque

lambeau de sa chair et de son cœur? Quelle famille n'a fourni sa part d'acteurs et de victimes à ces tragédies? Qui n'a compté un des siens parmi ces sacrifiés, que les historiens militaires, peu portés d'ordinaire à la sensiblerie, comme le général Ambert par exemple, nous représentent amoncelés dans la boue glacée, les veines taries, les membres broyés, retrouvés le lendemain les yeux ouverts et les mains crispées par les dernières luttes de la vie contre la mort!

Ceci n'est pas œuvre d'imagination, Messieurs; l'imagination reculerait effrayée devant ces réalités. Ce sont les témoins oculaires qui l'ont rapporté; ce sont ceux qui sont revenus de ces enfers et en frissonnent encore. Et ces épisodes effroyables, c'est par milliers qu'il faut les compter, sans crainte d'outrepasser la vérité. Et il faut ajouter à ceux que l'on sait tous ceux que les nuits du terrible hiver ont ensevelis dans le secret de leurs ténèbres. Si l'hécatombe de la bataille est cruelle, elle s'accomplit du moins à la grande lumière, dans la fièvre de l'action, dans la folie furieuse de l'attaque et de la défense. L'homme tombe alors dans un paroxysme qui l'empêche de se sentir souffrir et mourir. Mais la mort lente et froide, qui vient dans l'obscurité, dans le silence, dans l'horrible voisinage des cadavres amassés et des blessés gémissants, la mort du soldat qui sent échapper sa vie goutte à goutte, dans la plénitude de son intelligence, en songeant à ceux qui vont le pleurer et en attendant le secours qui ne vient pas, voilà surtout, Messieurs, ce qui doit nous inspirer une incommensurable aversion pour le crime qui s'appelle la guerre.

Voilà aussi qui doit nous pénétrer de vénération et de reconnaissance pour l'œuvre dont j'ai entrepris de vous faire ce soir le panégyrique. Grâce à elle, les maux dont je viens de vous montrer un si repoussant mais trop véridique tableau, seront réduits à ceux dont la plus persévérante abnégation et la charité la plus ardente ne peuvent avoir raison. Vous m'avez

permis, Messieurs, de lui payer ici mon tribut de gratitude.
Je me suis bien imparfaitement, quoique bien verbeusement
acquitté de ce devoir. Je m'arrête, avec le regret de n'avoir pu
mettre au service de la Croix-Rouge de France qu'une parole
incapable de la glorifier comme elle le mérite.

*Extrait des Mémoires de l'Académie des Sciences. Belles-Lettres et Arts de Lyon,
volume vingt-huitième de la classe des Lettres.*

www.ingramcontent.com/pod-product-compliance
Ingram Content Group UK Ltd.
Pitfield, Milton Keynes, MK11 3LW, UK
UKHW021205140726
13695UKWH00005B/2346